개그맨이 시를 쓰면 어떻게 쓸까

서인석

웃기려고 썼는데 눈물 나는 101가지 시

개그맨이 시를 쓰면 어떻게 쓸까

초판 1쇄 발행 2025년 5월 11일

지은이 서인석
펴낸이 장길수
펴낸곳 지식과감성#
출판등록 제2012-000081호

교정 이주희
디자인 윤혜성
편집 윤혜성
검수 정은솔, 윤혜성
마케팅 김윤길

주소 서울시 금천구 벚꽃로298 대륭포스트타워6차 1212호
전화 070-4651-3730~4
팩스 070-4325-7006
이메일 ksbookup@naver.com
홈페이지 www.knsbookup.com

ISBN 979-11-392-2574-7(03810)
값 13,500원

개그맨이 시를 쓰면 어떻게 쓸까

서인석

웃기려고 썼는데 눈물 나는 101가지 시

프롤로그

웃기려고 했다.
그게 내 일이었고,
사람들이 웃으면 그걸로 성공이라 여겼다.

카메라 앞에서 넘어지고,
말장난에 혼신을 다하고,
무대에서 터지는 박수에 목을 맸다.
그렇게 웃기려고만 했다.

그런데 어느 순간,
사람들이 웃고 나면
나는 혼자 울고 있었다.
입은 웃고 있었는데,
마음은 울고 있었다.

그때부터였다.
웃음 뒤에 남겨진 이 마음을
글로 적기 시작한 게.

이 시들은
웃기려고 쓴 글들이다.
그런데
읽다 보면 왜 자꾸
눈물이 나는지 모르겠다.

아마 그건,
이 글들이
진짜 내 이야기이기 때문일 거다.

- 서인석

목차

제2부 ● 개그보다 시가 오래간다

제3부 ● 내가 만든 노래는 내 삶의 자서전

제4부 · 이젠 울릴 줄도 안다

제5부 · 누군가 들었다는 증거

제6부 ● 못다 한 농담

제7부 ● 개그맨이 시를 쓰는 이유

제8부 ● 나 혼자만의 무대

제9부 ● 행복은 반찬에서 온다

제10부 ◉ 웃음은 늙지 않는다

제1부

이 시집이 내 마지막 인사

마이크를 내려놓는 대신
이 시집을 꺼낸다.

여기엔
내 인생,
내 사랑,
내 후회,
내 유머까지
전부 담았다.

이 시집이
내 마지막 무대 인사다.

001

웃음이 유서가 되었다

젊을 땐
다음 무대를 위해 살았고
지금은
남은 날들을 정리하며 산다

정리하다 보니
남은 건
사람들 웃긴 이야기들뿐

그게 내 유서다
웃기게 살았다는 기록

002

가수란 이름이 어색하다

"서인석 씨 요즘 뭐 하세요?"
"가수 해요"
말은 했지만
어딘가 쑥스럽다

근데
누군가 내 노래를 따라 부를 땐
그 말이 조금씩
익숙해진다

003

작사가가 되고 나서

말이 많던 내가
이젠 줄여서 쓴다

한 줄로 말하는 법을 배우니
이젠
내 인생도
한 소절이 된다

004

마누라가 내 편인 이유

무대가 없어졌을 때도
방송이 끊겼을 때도
밥을 차려 주던 사람

그 사람이
내 유일한
팬이자 제작자였다

005

예전엔 박수가 좋았는데

지금은
"밥 먹었어?"
그 한마디가 더 크다

그게
이 나이의 박수다

006

웃음은 여전히 날 살린다

무대는 줄었지만
웃음은 안 줄었다
사람들이
아직도 내 얘기에 웃는다

그래서
나는 아직도
살고 있다

007

인생은 계속 리허설 중

무대는 본방인데
나는 항상 리허설처럼 살았다
이젠 조금
어색한 본방도
익숙해졌다
늦은 나이에
진짜 나로 리허설 중이다

008

이름 석 자의 무게

'서인석'이라는 이름
예전엔 무겁게 들렸고
지금은 조용하게 남는다

이름은 작아졌지만
그 안에 담긴 삶은
더 깊어졌다

009

식당에선 여전히 연예인

방송은 안 나와도
식당 사장님은 알아본다
“TV서 봤어요~”
그 한마디에
밥맛이 더 좋다

010

술이 아니면 못 푸는 날

말로는 못 풀겠는 날이 있다
그래서
술 한잔하고
북엇국으로 마무리한다

그리고 다음 날
또 미안해진다
그게
내 루틴이다

제2부

개그보다 시가 오래간다

유행어는 잊히지만
시 한 줄은 남는다.
그게 신기했다.
그래서 요즘은
슬쩍 웃기고
조용히 남는다.

011

개그의 무게

사람들은
웃기면 가볍다고 한다
하지만
진짜 웃긴 건
무겁다
슬픔을 삼켜야
비로소
배꼽 빠지게 웃길 수 있다

012

후배가 불러 준 내 노래

예전엔
내가 부르고 싶었는데
이젠
후배가 부르는 게 더 좋다

노래는 그대로인데
내 마음은
뒤에서 흐르고 있다

013

기억보다 기록

내 얼굴 기억 못 해도 좋다
내 말 기억 안 나도 괜찮다
그냥
내 노래 하나
어디 적혀 있으면
그걸로 충분하다

014

무대가 사라진 자리에 시가 남았다

불 꺼진 무대,
의자는 접혔고,
관객은 떠났지만

내 마음 안엔
그날의 대사와 숨소리가
여전히 시가 되어 남아 있다

015

말은 짧아졌고 마음은 길어졌다

예전엔
말이 많았고
지금은
말이 짧아졌다

대신
그 안에 담긴 마음은
훨씬 더 길어졌다

016

주정도 추억이다

"또 마셨어?"
그 말 속에
지나간 많은 밤이 있었다

술 마신 건 기억 안 나도
그날 아내 얼굴은
기억난다

017

노래가 없었다면

노래가 없었다면
나는 나를 못 버텼을 것이다

개그는 웃음이지만
노래는 고백이었다
그래서 나는
살 수 있었다

018

팬클럽 대신 밥클럽

후배가 물었다
“형 팬클럽 없어요?”
“밥클럽은 많지”
한 끼 함께한 인연이
가장 오래간다

019

내가 만든 노래는 아내 얼굴이다

가사 속 다정한 말투
그건 전부
내가 못 해 준 말들이다

노래로
아내에게 전하는
늦은 고백이다

020

죽기 전 마지막 무대

마지막으로 무대에 선다면
웃기지 않아도 좋다
노래가 엇박이어도 괜찮다
그냥
진심이면 된다

제3부

내가 만든 노래는 내 삶의 자서전

히트곡은 없지만
진심은 많다.
내 노래엔
내가 살았던 날들이 담겨 있다.

누가 불러 줘도 좋다.
이제는
내 인생이 흘러나오는 것만으로
충분하다.

021

무대는 작아졌지만
목소리는 커졌다

예전엔
큰 무대에 작게 있었고
지금은
작은 무대에 크게 선다

왜냐하면
이제는
내 얘기를 하고 있으니까

022

사람 하나 얻으면
인생 하나 얻는 거다

노래 하나 만들고
사람 하나 알아 간다
그게 반복되다 보니
지금 내 곁엔
사람으로 만든 노래들이
쌓여 있다

023

웃음이 내 가장 오래된 친구

힘들 땐 떠났던 사람들
인기 없을 땐 조용했던 연락들

그 와중에도
혼자서 나를 지켜 준 건
웃음이었다

024

노래는 못해도 진심은 한다

음정은 흔들려도
가사는 안 흔들린다
내 노래엔
내가 있다

요즘은
그게 더 중요하다
노래는 못해도
진심으로 노래한다

025

비트는 느려졌지만 마음은 빨라졌다

젊을 땐
빠른 비트에 올라탔고
지금은
느린 템포에 숨을 고른다

그런데
마음은 더 빨라졌다
사람 향한
리듬이 생겼다

내 노래는 쉼표다

026

어느새 내가
위로가 되고 있다

처음엔
내 노래가 위로받고 싶어서였는데
지금은
누군가 그 노래 듣고
"살 것 같아요" 라며 눈물 흘린다

나도 모르게
누군가의
등이 되고 있다

027

모니터보다 거울이 무섭다

예전엔
카메라가 무서웠다
지금은
거울이 더 무섭다
왜냐면
진짜 내가
거기 있거든

028

악보보다 계산서가 더 빠르다

음표 찾는 건 느린데
밥값 계산은 빠르다
카드 빼는 속도는
젊은 후배 못지않다

지갑은 얇아도
손목은 빠르다
그게 내 리듬이다

딩동~
순간 마누라의 얼굴이 떠오른다

029

내 이름이 낯설다

방송에선 날 부르지 않고
거리에서도 못 알아보는데
거울 속 나는 여전하다

근데 가끔
자막에 내 이름이 나올 때
조금… 낯설다
조금… 뭉클하다

030

마무리 멘트

"지금까지 서인석이었습니다!"
그 한 줄이
가장 떨렸다
가장 나다웠다
가장 무대 같았다

제4부

이젠 울릴 줄도 안다

예전엔
사람들 웃기는 게 일이었고
그게 전부였다.

지금은
노래 한 줄에
사람이 운다.
그게 나다.
이젠
울릴 줄도 안다.

031

65세 현역

이제는
등산보다 방송이 더 힘들다
가사 쓰다 졸고
녹음하다 울컥하고

근데
아직도 누군가 내 노래를 기다린다
그게
내가 현역인 이유다

032

거울 앞에서

거울이 말했다
"누구세요?"
나도 물었다
"그러게, 너 누구냐?"
머리카락은 떠나고
주름은 들어오고
내 얼굴은 어디로 간 걸까
개그는 늙지 않았는데

033

들리는 목소리

내가 만든 노래를
누군가 흥얼거릴 때
그 목소리가
내 인생 가장 감미로운 음색이다

034

노래로 남고 싶다

코미디는
기억에서 사라질 수 있다
하지만
노래는
마음에 남는다
나는
노래로 남고 싶다

035

내가 들었던 첫 음

무대에 올라
첫 박수를 들었던 날
그 소리는
내 평생
가장 따뜻한 음이었다

036

한 소절로 울다

"잘했어, 괜찮아"
그 말이 가사로 남았다
노래 한 소절에
눈물이 났다
그건
내 얘기였으니까

037

혼잣말에 대한 대답

가끔
노래는 혼잣말이었다
“괜찮니?”
“힘드니?”
근데
어느 날
“저도요”라는 답이 왔다
그 말이
위로였다

038

이 노래, 네 거야

"이 노래 내 얘기예요"
누군가에게
그 말 들었을 때
나는 웃으며 말했다
"이제
이 노래, 네 거야"

039

차트 밖에서

순위는 없다
검색어도 없다
근데
누군가의
작은 하루에
내 노래가 있다면
그게
내 위치다

040

노래보다 멘트가 터질 때

노래 부르는데
중간 멘트에서 박수 터졌다
그날 알았다
나는 가수보다
말쟁이 체질이다

제5부

누군가 들었다는 증거

녹음 끝나고
혼자 듣는 내 노래는
슬펐다.
근데 댓글 하나
“이 노래, 제 얘기예요.”
그 순간
내 노래는 세상에 있었다.

041

댓글 한 줄의 무게

“이 노래 듣고 울었어요”
그 댓글을 캡처해서
폰 배경으로 해 놨다
나는 아직도
그 한 줄에
살고 있다

042

읽음 표시

보낸 메시지에
'읽음' 만 뜨고
답은 없었다
그래도 좋았다
내가 보낸 마음을
누군가는 읽었다는 것
그게 인생이다

043

DM 한 줄

"선배님, 덕분에 버텼어요"
그 한 줄이
그날의 모든
불안과 외로움을
지워 줬다

044

몰랐는데 좋네요

"이 노래 몰랐는데 좋네요"
그 말 속엔
발견, 놀람, 진심이 다 들어 있었다
그 말을 듣는 순간
난 무명이 아니었다

045

공유 1회

“이 노래 좋아요”
누군가
자기 피드에 올려 줬다
한 명의 공유가
내겐
무대 하나였다

046

댓글이 아니라 편지

긴 댓글 하나
이 노래를 듣고
어떤 시간을 보냈는지
어떤 감정을 겪었는지
써 준 사람이 있다
그건
댓글이 아니라
편지였다

047

댓글 3개

영상 올렸다
댓글은 딱 3개

1. 내 동생
2. 내 부계정
3. “이게 뭐죠?”

제일 솔직했던 건
3번이었다

048

'좋아요'보다 따뜻한 것

'좋아요'보다
댓글보다
밥 같이 먹자는 말
그게
요즘 가장
따뜻한 반응이다

049

무대는 짧고 진심은 길다

3분 무대
3일 밤샘
그 짧은 시간에
내 진심 다 넣는다

누군가 느꼈다면
그걸로 족하다

050

하트 하나

SNS에 올린 노래
딱 한 명
'좋아요' 눌렀다
그게
내 아내였다
…그래도
가장 믿을 수 있는 팬이다

제6부

못다 한 농담

그날
형곤이 형이 말했다.
"인석아, 우리 카네기 홀 가자."
나는 웃으며
"형, 너무 커!"
그리고
그 말이
마지막 농담이 될 줄 몰랐다.
못다 한 웃음이
가끔 목을 메게 한다.

051

진짜예요?

"안녕하세요, 개그맨 출신 가수 서인석입니다"
104번째 말한 날
관객이 물었다
"진짜예요?"
나도 웃었다

052

고요한 인기

요즘은
박수 소리도 조용하다
인기란
시끄러운 게 아니라
한 사람의 마음에
살짝 스며드는 것

053

낮은음으로 부른다

젊었을 땐
고음 지르고
웃기고
터트렸다
이젠
낮은음으로
속을 부른다

054

서인석이라는 노래

내 이름이
유행하지 않아도
내 인생은
한 곡의 노래다
웃기면서 울리는
발라드 개그곡

055

내 노래가 당신의 하루가 된다면

누군가
내 노래를 따라 부른다면
그걸로 나는
하루를 살아 낸다
내 감정이
당신의 입에서 울린다니
그게 인생 아니겠나

056

가사가 되는 인생

"마누라는 잔소리도 멜로디다"
그 말 한 줄이
노래가 됐다
사는 게 곡이고
느끼는 게 리듬이다
이제는
인생이 곡이다

057

작곡가의 바람

멜로디보다
가사를 먼저 쓴다
마음이 먼저다
그게
내 방식이다

058
음표 하나에 담긴 위로

가끔
음 하나로 위로가 된다
말없이
멜로디로 말하는 법
이젠 조금
알 것 같다

059

무명 작사가의 꿈

이름 없는 노래에
내 마음은 있다
그 노래가 누군가의
이별을, 고백을,
하루를 위로했다면
그걸로 꿈은
이미 이루어진 거다

060

들리는 목소리

내가 만든 노래를
누군가 흥얼거릴 때
그 목소리가
내 인생 가장 감미로운 음색이다

제7부

개그맨이 시를 쓰는 이유

개그는 3초
노래는 3분
시 한 줄은
3년 후에도 떠오른다.
그래서
지금은 시를 쓴다.

061

내가 나를 웃긴다

예전엔 남 웃기느라
내 표정 못 봤다

요즘은
거울 보며 내가 웃긴다
살아남은 내 모습이
참 귀엽다

062

어른이 된다는 건

화를 참는 게 아니라
화를 낼 필요가 없다는 걸 아는 것
사랑을 주는 게 아니라
사랑을 받을 자격이 있는지를 보는 것

그게
어른이 된다는 거였다

063

하루에 한 번만 웃으면 된다

요즘은
하루에 한 번만 웃어도
그날은 성공이다

웃는 일이
웃기는 일보다
더 귀한 나이가 됐다

064

조용한 이별

가끔은
연락이 끊긴 사람보다
자주 보는 사람과
더 멀어졌음을 느낀다

이별은 꼭
헤어짐으로만 오는 게 아니다

065

내려놓으면 보이는 것

욕심을 버리니
사람이 보이고
무대를 내려오니
인생이 보인다

높은 데선
보이지 않던 것들이
지금은 다 보인다

066

사는 게 공연이었다

무대는 조명이 있었고
집엔 아내의 눈빛이 있었다
대본은 없었지만
매일을 연기했다

사는 게
결국 공연이었다

067

내 이름을 불러 주는 사람이 줄었다

한때는
무대마다 이름이 불렸다
지금은
식당 사장님이 한 번
아내가 하루에 한 번

그래도
그게 제일 따뜻하다

068

젊었을 땐 몰랐던 것

돈이 많아도
잠이 안 오면 소용없고
이름이 알려져도
마음이 고요하지 않으면
허전하다

이제야 알았다
고요가
진짜 사치라는 걸

069
내 이름보다 불리고 싶은 말

서인석보다
요즘은 '형님', '오빠', '여보'
그 이름들이 더 따뜻하다

이름보다
관계가
더 깊은 나이가 되었다

070

나이 들면 좋은 점

가질 수 없는 걸
미련 없이 보내고
못 바꾸는 건
그냥 안고 간다

그게
나이 들며 생긴 여유다

제8부

나 혼자만의 무대

지금 내 무대에는
수천 명도 없고
카메라도 없다.

오직
내 방 안,
내 책상 앞,

나 혼자다.

071

젊은 날이 부끄럽지 않다

웃기기 위해
별짓 다 했던 그 시절
지금 보니
그게 나였고
그게 진심이었다
그래서
부끄럽지 않다

072

죽는 날까지 무대 위에

작은 무대든
말 한 줄이든
노래 한 소절이든
사람 앞에서
무언가를 전할 수 있다면
나는 아직 무대 위다

073

침묵도 말이다

예전엔
조용하면 불안했는데
지금은
가만히 있는 그 자체가
마음 전하는 말이다
말 안 해도
전해지는 나이가 되었다

074

어제보다 오늘이 낫다

팔은 아프고
무릎은 시리지만
마음은 덜 조급하고
감정은 더 진실하다

그래서
어제보다 오늘이 낫다
진심으로

075
잘 늙고 싶다

천천히
곱게
그리고
유쾌하게

그게
내가 지금 제일 바라는 일이다
잘 늙고 싶다

076

늦게 피는 꽃이 향기롭다

젊었을 땐
이름부터 알리고 싶었는데
지금은
향기만 남아도 좋다

늦게 핀 나는
조금 더 오래 피고 싶다

077

잘 안 들리지만 잘 들린다

귀는 둔해졌는데
속마음은 잘 들린다
표정 하나
숨소리 하나
그게 요즘
내가 듣는 진짜 대사다

078

내 인생 최고 유행어

"잘 먹었다"
"고마워요"
"괜찮습니다"
그 말들이
이제는 내 유행어다

길게도 못 외운다
짧은 게 편하다

079

다음 생이 없어도 괜찮다

다음 생이 없어도
지금 이 삶이면
충분히 좋았다
참 많이 웃었고
참 많이 사랑했다

그걸로 족하다

080

느린 걸음에도 음악은 있다

젊을 땐
박자 빠르게 살아서
놓친 게 많았다
지금은
느린 걸음에도
배경음악이 흐른다
그게
내 인생의 테마곡이다

제9부

행복은 반찬에서 온다

요즘은
반찬 하나에 감동하고
따뜻한 국물에 울컥한다.
행복은
거창한 게 아니라
밥상 위에 있었다.

081

행복은 의외로 가까웠다

멀리서 찾았던 행복이
냉장고 안 반찬통에 있었다
잔소리 섞인 아내의 말 속에도 있었다
이제야 알겠다
행복은 멀리서 오지 않는다

082

행복은 숨기지 않는다

좋으면 좋다고 말한다
고맙다 싶으면 바로 전한다
예전엔 멋을 부렸는데
지금은 감정을 숨기지 않는 게
행복이다

083

아침이 올 때마다

눈을 뜨면
몸이 아직 내 편이고
마누라는 국을 끓이고 있고
커피 향이
창문 틈으로 스며든다

이게 뭐 별거냐 묻겠지만
나는 안다

아침이 또 찾아온다는 건
살아 있다는 뜻이고,
살아 있다는 건
행복을
하루 더 받았다는 뜻이다

084

오늘도 걷는다, 행복하게

목표 없이 걷는 산책
주머니엔 손
마음엔 노래
그게 요즘
내가 가장 행복한 시간이다

085

밥 잘 넘어가는 날

별일 없고
밥 잘 먹고
잠 잘 자는 날
그게
요즘 내가 찾는
행복의 3요소다

086

남이 웃을 때 나도 웃는다

내가 웃긴 얘기
아니어도 괜찮다
남이 웃고 있으면
그 웃음에
나도 따라 웃게 된다
행복은
나눠 가지는 거더라

087

기억보다 순간

큰 상도, 옛 명예도
잘 기억 안 나는데
어제 마신 국물 맛은 또렷하다
행복은
순간에 있다

088

행복은 아직도 자라난다

나이 든다고
행복도 멈추는 게 아니었다
웃긴 일이 생기고
고마운 사람이 늘고
오늘도
행복은 조금 더 자라났다

089

지금이 참 괜찮다

예전엔
이것저것 다 해야 했다
지금은
별일 없어도 괜찮다
그냥
살아 있는 이 하루가
참 괜찮다

090

내가 웃고 있을 때

누군가를 웃게 하느라
내 웃음을 잊고 살았다

그래도 좋았다
그 웃음 안에
내가 있었으니까

이제는
내가 웃고 있을 때
누군가도
따라 웃는다면
그게
진짜 행복이다

제10부

웃음은 늙지 않는다

몸은 늙고
무대는 작아졌지만
웃음은 늙지 않았다.
사람들이 웃는 걸 보면
나는
여전히
살아 있다.

091
늙는 것도 콘텐츠다

요즘은
주름도 이야기고
백발도 스타일이고
하루하루 살아 있는 자체가
콘텐츠다

나는
늙는 걸 팔고 있다
근데
그게 꽤 괜찮다

092

무대보다 밥상이 따뜻하다

조명 아래보다
국물 위의 김이 더 예쁘다
관객의 박수보다
아내의 반찬이 더 크게 보인다
이젠
밥상이 내 무대다

093

자다가 웃은 적 있다

꿈에서 옛 무대가 나왔다
넘어졌고, 웃겼고
기립박수는 없었는데
내가 웃더라
자다가
피식 웃더라

094

요즘 젊은이들, 참 괜찮다

가끔은 걱정된다
가끔은 부럽다
근데 확실한 건
나보다 더 솔직하고
더 똑똑하다
그래서
요즘 젊은이들, 참 괜찮다

095

걷는 게 좋다

차도 좋고
비행기도 타 봤지만
요즘은
그냥 걷는 게 제일 좋다
천천히 보이고
사람도 보이니까

096

지금도 충분히 멋있다

몸은 변했어도
마음은 더 단단해졌고
주름은 늘었어도
진심은 더 깊어졌다

그래서
지금도 나는
충분히 멋있다

097

고장 난 시계처럼 산다

시간이 흐르긴 하는데
언제부턴가
나는 멈춘 듯 살아간다

근데 이상하게
이 멈춘 시간이
더 깊고
더 고요하다

098

이름표보다 눈빛으로 인사한다

이젠
내 이름 몰라도 괜찮다
그냥 눈 마주치면
고개 끄덕이면
그걸로 다 전해진다
내가 누구였든
지금은 그냥
사람이면 된다

099

웃음이 나의 마지막 말이었으면

사람들이
내 이름을 기억 못 해도
내 유행어를 잊어도
그냥
“그 사람, 참 웃겼지”
그 한마디만 남으면
충분하다

100

마지막 인사

언젠가
마지막 무대가 올 것이다
그땐
이 말만 하겠다

“지금까지 들어 주셔서
정말 고맙습니다”

101

무대에서 내려오며

이젠
내려올 줄도 알아야 할 때
내려와서
박수 치는 사람을 바라볼 수 있는 나이

무대에서 내려와
사람들 안에 앉는다
그리고
한 줄 적는다

"서인석, 웃기려고 썼는데 눈물이 났다"

에필로그

사람들은 나를 한때 웃기던 사람으로
기억할지도 모른다.

"요즘 뭐 하세요?"
TV에 안 보이시던데요?

하지만 나는 지금도
웃음을 만들고
노래를 만들고
글을 쓴다.

웃음으로 사람을 살릴 수 있다고 믿었던 청춘.
개그맨으로 데뷔해 수많은 무대 위에서
남들이 웃는 순간만을 바라보며 살았다.

그러다 어느 순간,
세상이란 무대 뒤에서
혼자 울고 있는 자신을 발견했다.

웃기는 일보다
살아 내는 일이 더 어렵다는 걸 알게 된 나이,

웃음 사이에 고요한 눈물과
위로가 깃든 시를 쓰기 시작했다.

- 2025년 봄, 서초동에서